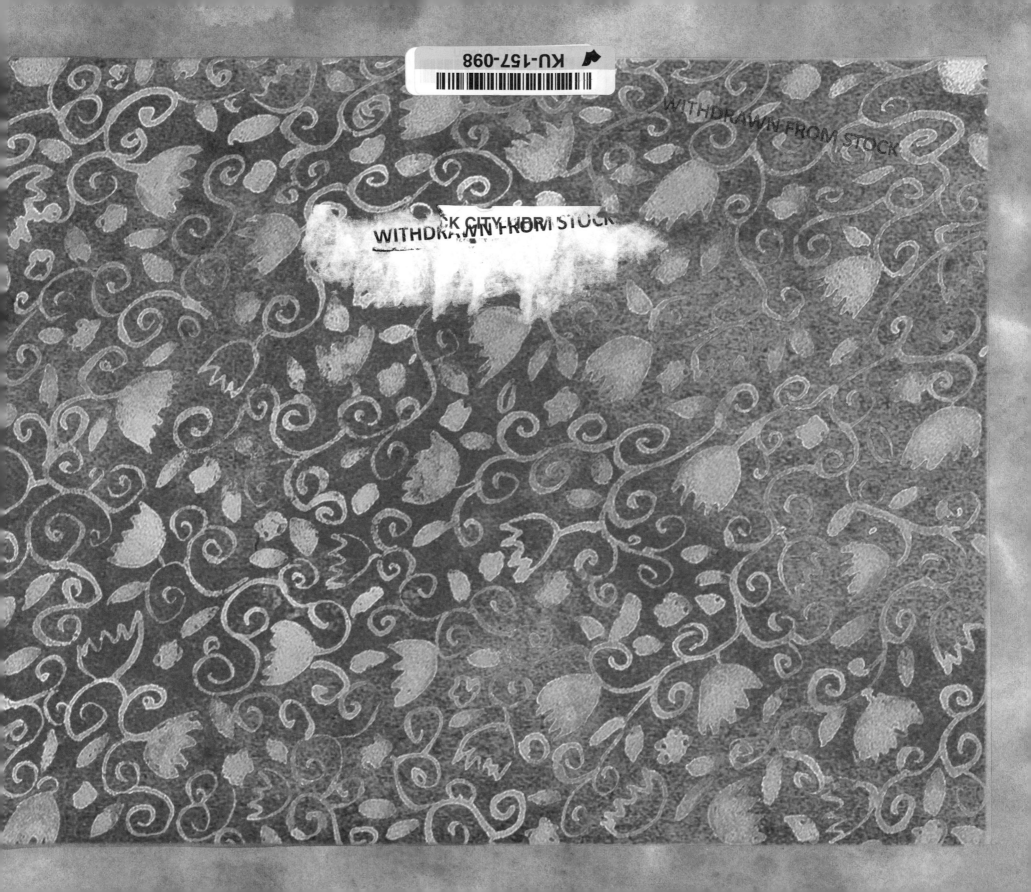
KU-157-098

WITHDRAWN FROM STOCK

WITHDRAWN FROM STOCK

CK CITY FROM STOCK

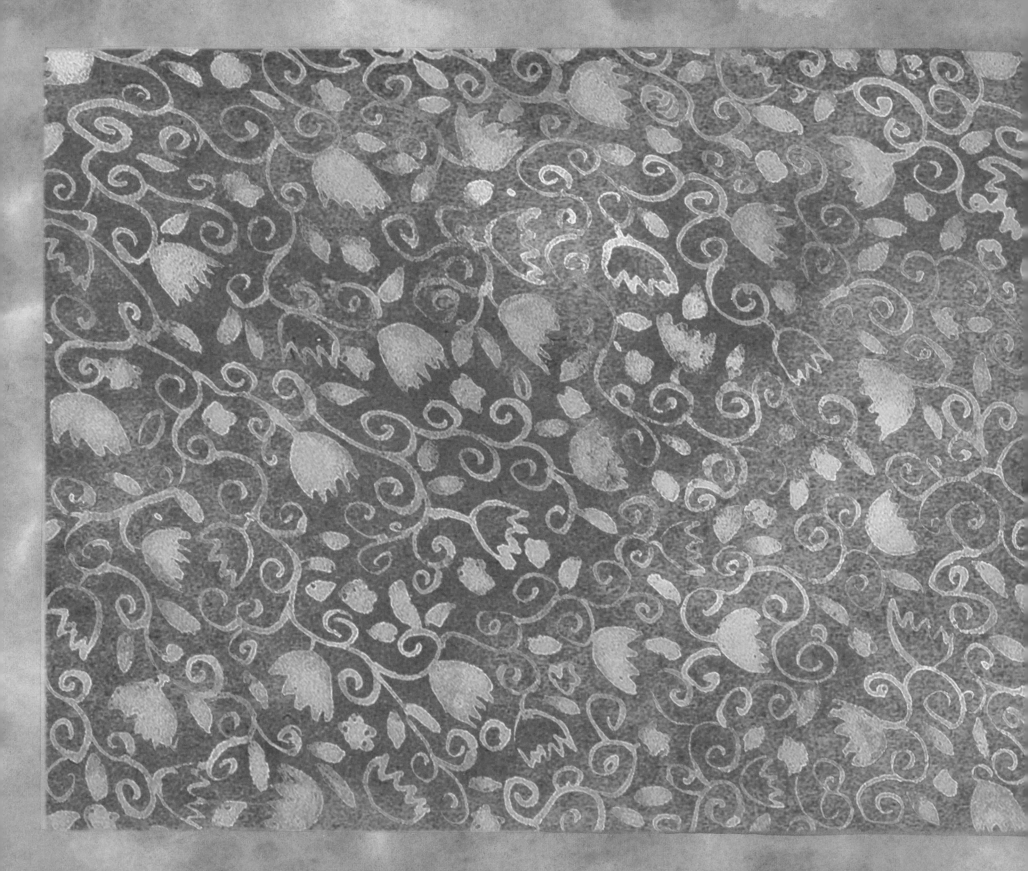

Podróż poprzez sztukę Islamu

Journey through Islamic Art

Na'ima bint Robert & Diana Mayo

mantra

59732

CITY OF LIMERICK PUBLIC LIBRARY

Słyszałam opowieści o miastach Samarkandzie i Bagdadzie,
o Mogołach w Indiach i Maurach w Hiszpani.

I heard tales about the cities of Samarkand and Baghdad,
About the Moghuls in India and the Moors in Spain.

Zebrałam jedwabne nici historii w moich rękach,
I moja wyobraźnia utkała z nich moją latającą pelerynkę:
Pelerynka która zabrała mnie na zadziwiającą podróż poprzez
Sztukę świata muzułmańskiego.

I gathered silken threads of history in my hands and,
With them, my mind wove a flying cloak:
A cloak that took me on an amazing voyage
Through the art of the Islamic world.

Moja pelerynka zabrała mnie
do starego miasta Bagdadu,
Siedziby meczetów, komunalnych łaźień,
torów wyścigowych oraz pawilonów.

My cloak took me to the old city of Baghdad,
Home to mosques, public baths,
racetracks, and pavilions.

Siedziba wzmocnionych zamków pustynnych,
Upiększonych ściennymi malowidłami
od podłogi do sufitu.
Największy meczet na świecie,
nazwał Samarrę, jego siedzibą.
Wyobraziłam sobie ze wezwanie do modlitwy
docierało mnie wysoko w chmurach.

Home to fortified desert castles,
Adorned with wall-paintings from floor to ceiling.
The largest mosque in the world called Samarra its home,
I imagined that the call to prayer reached me in the clouds.

Moja pelerynka zawiozła mnie do
muzułmańskiej Hiszpani,
gdzie Wschód spotkał Zachód.
Mijałam naukowców, wynalazców
i królewskich astronomów,
mierzących krańce ludzkiej wiedzy.

My cloak took me to Muslim Spain,
Where the East met the West.
I passed scientists, inventors and court astronomers,
Testing the limits of human knowledge.

Tam, chodziłam wśród ozdobnych dziedzińców,
mijając fontanny i pachnące ogrody.

There, I wandered through ornamental courtyards,
Past fountains and scented gardens.

Artystyczne spadkobierctwo
Islamu i Hiszpani złączyło się
do stworzenia pałacu Alhambry
i wielkiego meczetu Kordoby.
Kopuły, mozajki i łukowe
sklepienia witały moje
gorliwe oczy.

The artistic heritage of
Islam and Spain
Fused to create the
Al Hambra palace and
the great mosque
of Cordoba.
Domes, mosaics and
archways greeted my
eager eyes.

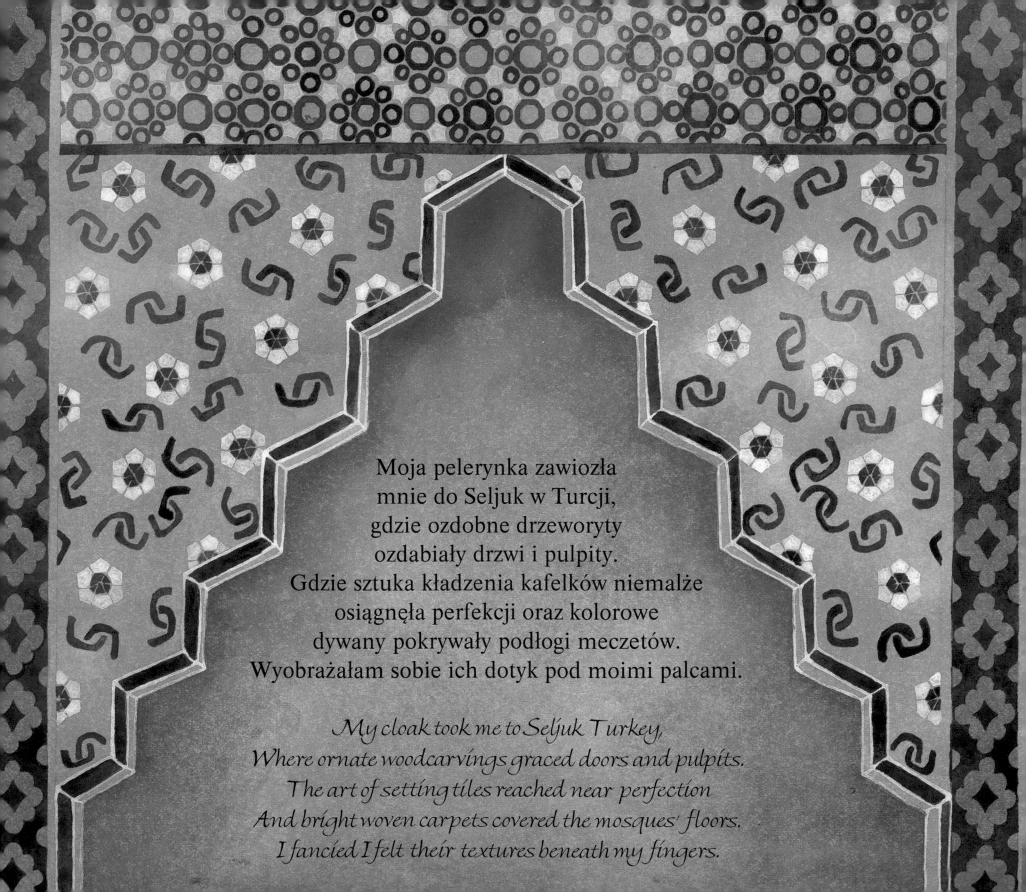

Moja pelerynka zawiozła
mnie do Seljuk w Turcji,
gdzie ozdobne drzeworyty
ozdabiały drzwi i pulpity.
Gdzie sztuka kładzenia kafelków niemalże
osiągnęła perfekcji oraz kolorowe
dywany pokrywały podłogi meczetów.
Wyobrażałam sobie ich dotyk pod moimi palcami.

My cloak took me to Seljuk Turkey,
Where ornate woodcarvings graced doors and pulpits.
The art of setting tiles reached near perfection
And bright woven carpets covered the mosques' floors.
I fancied I felt their textures beneath my fingers.

Moja pelerynka
przeniosła mnie do
Samarkandy Timura "Kulawego"
gdzie byli zebrani rzemieślnicy
z całego świata.

My cloak took me to the Samarkand
of Timur 'the Lame'
Where artisans from around the world
were gathered.

Kamieniarze z Indii,
kaligrafowie z Persji,

Stonemasons from India,
calligraphers from Persia,

złotnicy z Turcji i
tkacze jedwabiu z Damasku.

Silversmiths from Turkey and
silk-weavers from Damascus.

Wszyscy przywiezieni jako jeńce,
do upiększania jego miasta, podczas gdy namiot był
jego pałacem - bezmienny nomad do końca.

All brought back as captives, to beautify his city,
While his palace was a tent – a nomad to the end.

Moja pelerynka przeniosła mnie do ulic Agry,
gdzie wieśći o Taj Mahalu wypełniały ruchliwe bazary.

My cloak took me to the streets of Agra,
Where rumours of the Taj Mahal filled buzzing bazaars.

Budowla zrodzona z przysięgi złożonej na łożu śmierci,
Odziana w biały marmur
Stała lśniąca w świetle.

A building born from a deathbed promise,
Its garment of white marble
Shimmered in the light.

المشرق

Napisy kaligrafowane z Koranu,
kwieciste arabeski i geometryczne wzory
wszystko zharmonizowane
i poeci nazwali ją "Twarzą jasnego poranka".
Chciałabym aby jej uroda szczyciła żywych
a nie czciła zmarłych.

صباح الفجر

Calligraphic inscriptions from the Qur'aan,
Floral arabesques and geometric designs
all harmonised
And the poets named her 'Dawn's bright face'.
I wished its beauty could grace the living
and not enshroud the dead.

Ta podróż była snem, fantazją dziecka,
Mimo że wszystkie miejsca są prawdziwe.
Mam nadzieję że ta bajka utka twoją pelerynkę
I pójdziesz tam również.

This voyage was a dream - a child's fantasy,
Though all its destinations are true.
I hope that your cloak will be spun by this tale
And that you will go there too.

CITY OF LIMERICK PUBLIC LIBRARY

50732

Here are some explanations to help you enjoy the story:

Samarra
In the 9th century, after the foundation of Baghdad, the Caliph (ruler) moved his capital to the splendid city of Samarra. The Great Mosque was once the largest mosque in the Islamic world and rises to a height of 52 meters.

Islamic Spain was established in the 8th century by Muslims from North Africa who were known as Moors. For over three hundred years, Muslims, Christians and Jews lived together in a Golden Age when learning, art and culture flourished.

Seljuk Turkey was one of the eras in Islamic history. The Seljuks were Muslim rulers who took control of Persia and Turkey. Seljuk Turkey became the centre of excellence in weaving, ceramic painting and wood carving.

Born in the 14th century, **Timur 'the Lame'**, also known as Tamerlane, was a fierce and determined Mongol warrior who loved art. Whenever his armies invaded foreign cities, he would take care to protect the artisans and take them back to beautify his city, Samarkand.

The **Taj Mahal** was a monument built by the Mughal Emperor Shah Jahan in 1631 as a tribute to his loving wife Mumtaz Mahal. Legend says that she made him promise to build her a mausoleum more beautiful than any the world had ever seen.

Arabesque is an art form originally from Asia Minor. It was later adapted by Muslim artisans into a highly formalised form of intertwined flowers and plants.

The Qur'aan, the Muslim holy book, was revealed to the Prophet Muhammad (pbuh) by the Angel Gabriel. Its verses are often inscribed in beautiful patterns by calligraphers.

First published in 2005 by Mantra Lingua
Global House, 303 Ballards Lane, London N12 8NP
www.mantralingua.com

Text copyright © 2005 Na'ima bint Robert   Illustrations copyright © 2005 Diana Mayo
Polish translation by Sophia Bac
Dual language copyright © 2005 Mantra Lingua
All rights reserved

A CIP record for this book is available from the British Library.

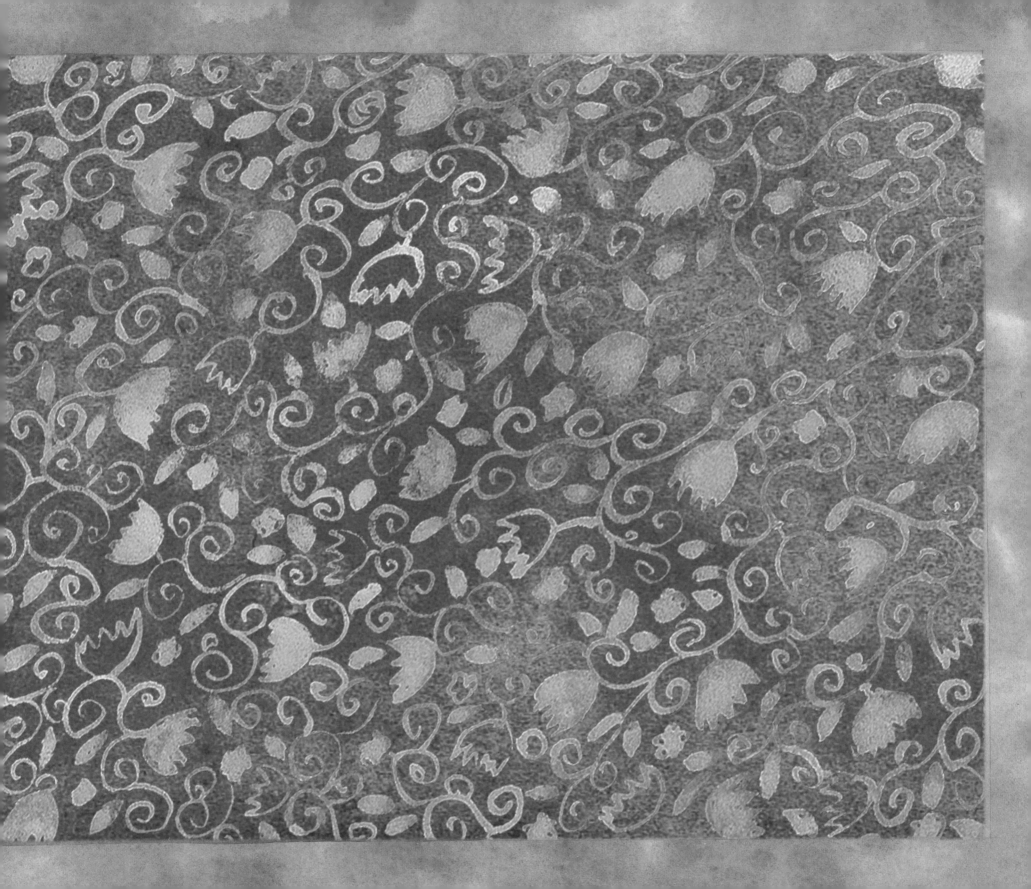

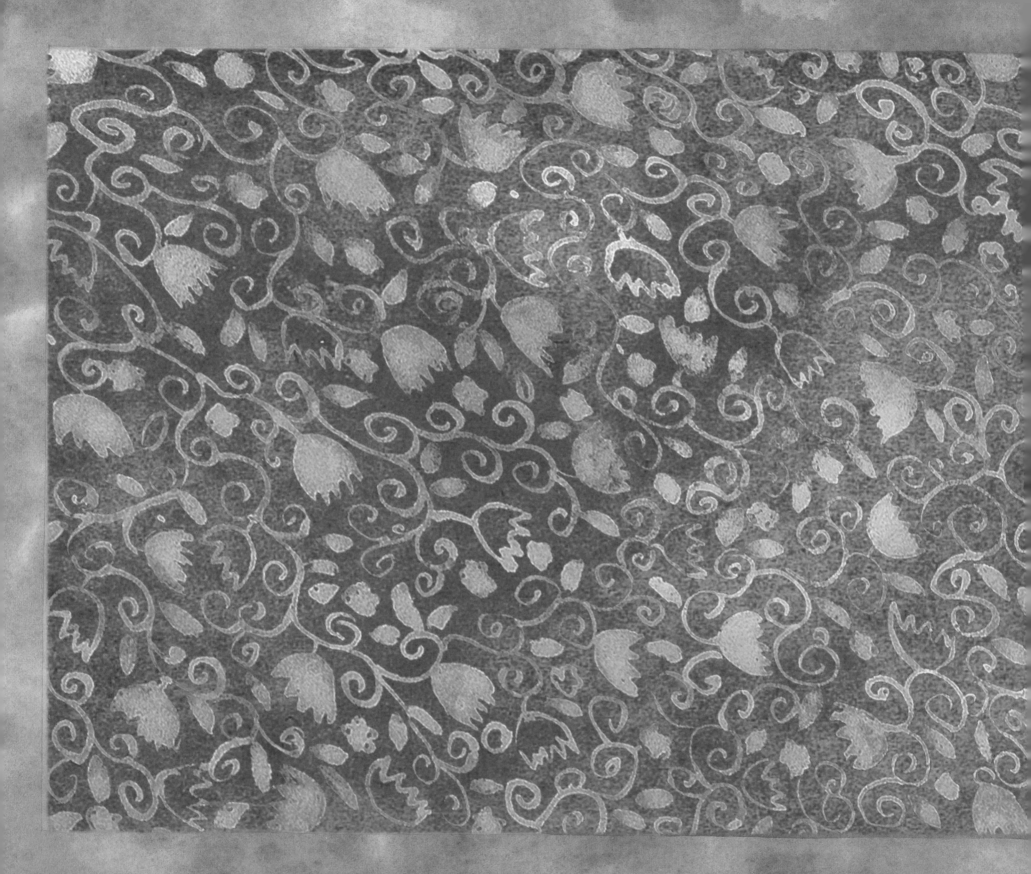